# 혼불을
# 밝혀든 책

국립중앙도서관 출판예정도서목록(CIP)

혼불을 밝혀든 채 / 지은이: 이인웅. — 서울 : 문학공원, 2
015
p. ; cm

ISBN 978-89-6577-130-2 03810 : ₩10000

한국 현대 시조[韓國現代時調]

811.36-KDC6
895.715-DDC23 CIP2015011233

문학공원 시선 96

# 혼불을 밝혀든 채

이인웅 시집



문학공원

# 작가의 말

1998년에 한국시로 등단한 후
마음의 혼불을 밝혀든 지 18년 만에
첫 시집 『혼불을 밝혀든 채』를 출간합니다
시는 생각의 흐름이며
삶의 흔적입니다.
사람은 누구나 가지고 있는 생각, 삶, 생존, 세월
그것들의 기록이며 역사입니다
시집을 출판해주신
스토리문학 김순진 발행인님께 감사드리며
나의 시심을 일깨워주신
시인 김석천님께 감사드립니다.
아울러 포천문학, 씨얼문학, 마홀문학, 포천예술인동우회 등
문우들께 깊은 감사를 드립니다.

차 례

## 2부 아름다움

차 례

## 3부 부부송

**4부 유채꽃**

# 봄

이인웅

봄바람 불어온다
하늘하늘 춤을 춘다

동구 밖 저만치서
아지랑이 피어나고

졸졸졸
시냇물 흘러
막힌 가슴 트인다

봄바람 불어온다
온산이 들썩인다

얼었던 대지 위에
잉태하는 새 생명

어느새
버들강아지
실눈 뜨고 웃는다

# 1부
# 내외간

# 내 고향 완산칠봉

지그시 눈 감으면
떠오르는 완산칠봉

어릴 적 눈높이로
희망 어린 꿈의 동산

아직껏
생생한 추억
그 숨결이 새로워.

# 조무락鳥舞樂 계곡

새들이 춤추면서
즐거이 노래하고

냇물도 시원스레
흥가락을 읊어대니

나마저
신선이 되어서
구름 속을 노닌다.

# 어머님 사랑

이 세상에서
변치 않는 건
어머님의 사랑이라고

생전에 보내주신
약초로 빚은 환약

아직도
복용하면서
건강하게 지냅니다.

야속한 세월은 흘러
어느 새 3주기 추모식

어머님의 귀한 말씀
소록소록 돋아나고

생전에
베푸신 은덕
달덩이로 떠오릅니다.

# 도리돌 동장군 축제

산 좋고 물이 맑은
포천시 백운계곡

널뛰기 팽이치기
눈썰매 송어낚시

옛 추억
파노라마가
필름처럼 스치네

웅장한 얼음 기둥
곳곳에 솟아 있고

고드름 얼음 꽃으로
수놓은 얼음 터널

동장군
겨울 낭만이
서리서리 어렸네.

# 지리산 산수유

섬진강물 물들이는
샛노란 산수유

청초한 미소 머금고
서로서로 기대선 꽃

무더기
무더기로 되어
포근함을 주는 걸.

# 명성산 억새

눕히고 쓰러져도
바로바로 서는 의지

시련이 길들면은
아름다움을 보이는가

바람도
신명이 나서
산등성을 달린다.

하이얀 꿈의 동산
명성산 억새축제

넘실대는 은물결
파도라도 타볼거나

자연의
신비로움에
감탄사만 나오네.

# 선운사

동백꽃 붉게 타는
도솔산의 선운사

경내엔 구층 석탑
모여드는 중생들

향내음
염불소리로
보리심을 깨우친다.

# 내소사 가는 길

내소사 가는 길은
전나무향 넘쳐나고

청설모 신바람은
가지 끝에 춤추는데

하늘엔
웬 솔개인가
공습경보 발령이군.

# 내외간

부부간 일심동체
그지없이 가깝지만

누구도 짐작 못할
속사정이 따로 있네

요즈음
결혼, 이혼이
어찌 그리 헤픈지.

# 입춘

간지러운 햇살에
잠든 산이 일어선다

산비알 골짝마다
속삭임도 들리거니

어느 새
충만한 봄뜻
만상들이 웃고 있다.

# 인생

인생이 무엇인가
흘러가는 구름이야

인생살이 무엇인가
한 바탕의 바람이지

어쩌면
잠깐 보이다
사라지는 안개일까.

# 오늘 하루

오늘을 사랑하자
오늘에 충실하자

가정에도 직장에도
전심전력 충실하자

오늘을
지내고 나면
다시 못 올 일이거늘.

# 세상살이

인생사 자나 깨나
근심 걱정 시름 속에

시공을 초월하는
망각이란 묘약 있어

그 처방
마음 다짐에
행복 불행 갈리는 걸.

# 이동 명물 막걸리

산이 좋아
물이 좋아
인심도 좋은 포천 이동

죽마고우
끼리끼리
즐겨 찾는 터전 인데

몇 순배
이동 막걸리
곁들이는 그 황홀.

# 눈꽃 동산

겨울 낭만 펼쳐놓은
새하얀 눈꽃 동산

행여나 때 끼일라
조바심은 기우라네

순백의
깨어있는 눈
온누리를 밝힌다.

# 백운계곡에서

백운산 그 깊이를
어이 다 헤아리리

골마다 자락마다
동양화를 그려놓고

슬며시
흰구름 한 폭
운치롭게 펼쳤네.

다양하게 품은 비경秘境
솔바람 청류여라

옥류대 명경지수明鏡止水
신선이 따로 있나

어느 덧
저무는 하루
아쉬움만 더하네.

사랑하는 건강이
2000.04.29

# 2부
# 아름다움

# 행복한 삶

춘풍추우 희로애락
바람 같은 지난 날들

한결같이 만족스레
욕심 없이 사신 형님

한 생에
가꾸신 터전
보람 열매 크오이다.

구름처럼 쉬엄쉬엄
백수를 누리소서

오늘은 예순 세 해
생신 축하 올리나니

이제 더
남은 여생을
즐겁게만 누리소서.

# 혼불을 밝혀든 채

- 들국화

차가운 외로움도
체온으로 다스리고

박토에 뿌리 내려
심성 곱게 길렀니라

갈 햇살
슬기로 받아
조촐하게 엮는 일과日課

늦가을 무서리에
저린 삭신 추스르고

혼불을 밝혀든 채
들길에 나섰는가

한 떨기
조선의 꽃이
일깨우는 토종의지.

## 안개

지척도 가늠 못할
하이얀 적막 속에

감추어진 실체는
진정 무엇일까

아무리
궁리를 해도
안 풀리는 숙제군,

혼돈의 심연인가
불확실의 호수인가

법도의 햇살 내려
장막을 걷어야지

아직도
덜깬 선잠이
몽롱하게 스미나.

# 쪽배

내 마음 강물 위에
그리움 실은 쪽배 하나

사랑도 넘실넘실
미련도 넘실넘실

한 세월
흐른 후에도
그 쪽배가 있을까.

# 분재

뒤틀고 구부리고
살아온 인생살이

분재를 보고 있으면
어머님이 떠오른다

한 평생
고단함으로
허리 휘던 어머님

# 사찰에서

숲속의 절영에서
받아든 공양 상

향긋한 들꽃 풋내
혀끝에 감기는 무념

조금만
욕심을 비워도
이리 편한 마음인 걸.

# 아름다움

밤하늘이
아름다운 건
달님 별님의 조화이고

이 땅이
아름다운 건
자연 속의 꽃이라지만

인생이
아름다운 건
사랑에의 조화여라.

# 국망봉 산행

눈보라 칼바람
후려치는 산등성이

몇 걸음만 내딛어도
헐떡이는 가쁜 숨결

지척에
하늘이 내려와
지켜주는 국망봉.

깊고도 험한 골짝
좌우로 비껴두고

정상에
올라보니
영웅이 따로 없네

순식간
달아나버린
푸른 하늘 높아라.

## 쪽배

내 마음 강물 위에
그리움 실은 쪽배 하나

사랑도 넘실넘실
미련도 넘실넘실

한 세월
흐른 후에도
그 쪽배가 있을까.

# 버린 양심

도심의 공원 안에
버리고 간 녹슨 양심

추한
소파 한 덩어리
내 모습도 저리 뵐까

한 동안
쳐다보다가
돌아서고 말았다.

## 철새

철원 평야 기름진 땅
새들의 낙원인가

수많은 철새 군무
청비단에 수를 놓듯

이들과
어울려 함께
나도 훨훨 날고파.

# 내일은

꽃 지는 아픔으로
떨어져야 결실이 듯

스스로 남기 위해
꽃대궁 잘라내고

오로지
초록빛 꿈으로
줄기차게 향하리.

# 고통

인생에 깃든 고뇌
어이 다 헤아리리

탐욕과 교만
죄악과 이기심

오늘도 그림자처럼
나를 좇는 가면들.

# 춤

인생이 돌고 돌아
자연도 돌고 돈다

얼쑤절쑤 춤사위에
하늘조차 빙빙 돈다

어차피
돌아갈 바에야
신명나게 돌아라.

# 꽃샘추위

시냇물 졸졸 졸졸
봄인가 했더니만

햇살이 따스하여
봄인가 했더니만

칼바람
눈보라 속에
고로쇠가 피눈물을…

# 산책

골마다 냇물소리
옥구슬이 굴러가고

솔향이 물씬 나는
오솔길을 걷노라면

내 인생
고뇌와 번민
눈 녹듯이 스러진다.

# 해는 어디에서 뜨나

산에서 사는 사람
태양이 산에서 뜬다

바다에 사는 사람
태양이 바다에서

도시에
사는 사람들
빌딩 사이 해 뜬단다.

# 히아신스꽃

연두빛 새싹들이
은밀한 파동으로

씨앗을 잉태하고
꽃잎을 피워내어

굽 높은
하이힐처럼
흔들면서 산단다.

# 봄

봄바람 불어온다
하늘하늘 춤을 춘다

동구 밖 저만치서
아지랑이 피어나고

졸졸졸
시냇물 흘러
막힌 가슴 트인다.

봄바람 불어온다
온 산이 들썩인다

얼었던 대지 위에
잉태하는 새 생명

어느 새
버들강아지
실눈 뜨고 웃는다.

# 가을 설악산

붉게 물든 치마폭에
추풍이 일렁인다

설레는 가슴 안고
산허리를 돌다보니

어느 새
불게 취해서
외쳐보는 야호 소리.

# 3부

# 부부송

# 등댓불

외로움 빛이 되어
밤마다 밝혀주리

고독을 달래주는
갈매기 벗을 삼아

오늘도
망망대해를
지켜주는 파수꾼.

# 해돋이

동해의 수평선
곱게곱게 물들이며

소망으로 솟아오르는
장엄한 저 광채

어둠도
시름도 사뤄
온누리를 밝힌다.

# 부부송

한 쌍의 원앙처럼
우린 항상 함께였고

춘풍추우 모진 세월
서로서로 의지 했지
사계절
늘 푸른 나무
변함없는 우리사이.

# 저금

돈보다 귀한 것은
친절이 아니던가

무시로 받은 친절
차곡차곡 모았다가

내 처지
궁색해질 때
연금처럼 꺼내쓰리.

# 셈치고

불행 중 다행이다
교통사고 일으키고

팔다리 부러져도
죽은 셈 생각하면

셈문화
합리주의에
위무慰撫받게 되나니.

# 웃음꽃

웃음꽃 피우면요
면역이 강화되고

웃음꽃 피우면요
혈액순환 잘 되어서

건강엔
최고임으로
웃음꽃을 피워요.

# 고향

헛소리 안주삼아
몇 순배 얼큰하면

고향의 둥근달이
슬며시 어른대고

순이의
웃음소리가
소곤소곤 들린다.

# 겨울 바다

우주를 삼킬 듯이
칼날 세운 파도인데

수평선 그 너머로
펼쳐지는 일몰장관

극과 극
조화 속에서
연출되는 드라마.

밀렸다 스러지고
밀려오다 무너지는

한없는 되풀이가
세월 위에 춤을 춘다

어차피
거역치 못할
대자연의 몸부림.

# 고독

적막한 공간 속에
외로움이 가득하네

상상의 나래 펴고
끝없이 날아봐도

호젓한
가슴 속에서
출렁이는 그리움.

# 오솔길

계곡물 졸랑졸랑
솔바람 살랑살랑

산새도 흥이 나서
더불어 춤을 추네

자연의
전원 교향곡
오솔길은 즐거워.

# 인생 사계절

봄

훈풍이 살랑대는
황홀한 들녘에서

사물사물 아지랑이
꽃소식을 불러오면

닫혔던
가슴도 열려
넘실대는 그리움.

여름

무성타 싶었는데
폭염에다 가뭄이네

타는 갈증 늘어진 몸
추스르기 힘겨워라

해마다
겪는 수난에
헛 염불만 외우는가.

가을

입추자락을 잡고
성큼 다가선 백로

매미는 허물만 남고
귀뚜리는 서글픈데

푸름 밤
지는 잎새가
아린 사연 더하네

겨울

앙상한 가지 끝에
삭풍이 칼을 갈고

휑한 들녘에는
허무만 펄럭인다

때 늦은
추억으로나
접어야 할 푸른 날.

# 별꽃

하늘에는
별이 꽃이요
땅에는
꽃이 별이다

꽃 사랑 별 사랑은
아름다운 마음이다

고귀한
별꽃 사랑에
가슴 한껏 부푼다.

# 매바위

형상이 매를 닮아 그 산이 매바위네
유달리 영기 받아 명당을 점지했나
조상들 줄을 이어서 안식의 터 잡으니.

# 은방울꽃

영롱한 아침 이슬
올망졸망 숨을 쉰다

산허리 터를 잡아
해맑게 웃는 얼굴

은방울
달랑달랑 흔들며
운치 있는 삶이다.

# 표정

표정은 한결같이
환경에 물이 든다

평화가 가득한 표정
조용한 그대로이고

웃음이
가득한 표정
충만으로 행복타.

# 대둔산

충청도와 전라도의
경계에 우뚝 서서

골마다 능선마다
그려놓은 동양화

지나는
흰 구름 한 폭도
운치롭게 걸치고.

# 동화사 가는 길

구름 따라 가는 길
산새도 실려 오고

골마다 냇물소리
파랗게 흐르나니

은은한
범종소리에
백팔번뇌 씻긴다.

# 가을

이인웅

입추 자락을 잡고
성큼 다가선 백로

매미는 허물만 남고
귀뚜라미는 서글픈데

푸른밤
지는 잎새가
아린 사연 더하네

가을산
기도를 드리듯이
가을산이 경건하다

가을산은 그림이다
가을산이 시를쓴다
낙엽도
사색으로 쌓여
꿈을 꾸는 가을산

# 4부

# 유채꽃

# 봄날에

엄동설한 두터운 옷
꽁꽁 여며 지냈는데

어느 새
춘풍이 일어
풍선같은 내 마음

두둥실
구름을 타고
무아지경 노닌다.

가벼운 바람결이
그지없이 보드라워

산과 들 수목들도
실눈을 곱게 뜨고

슬며시
흘리는 미소
어쩜 그리 예쁠까.

# 가을에

산과 들
오곡백과
황금물결 넘실대고

밤이면 귀뚜라미
흥취를 돋구나니

나 또한
풍성한 독서로
마음 양식 쌓는다.

# 나비

쏟아지는 빛살타고
하늘하늘 나는 나비

미풍에 꿈을 싣고
향훈도 함께 싣고

보랏빛
자운영 꽃밭
누비고도 싶겠지.

# 장생란

그 옛날 불로장생
영약으로 쓰여졌지

마주 보고 포옹하며
꿈을 꾸는 사랑의 꽃

다정한
연인의 모습
그 향기도 그윽타.

# 유채꽃

긴 겨울 기다림이
그토록 간절했나

바닷가 양지녘에
꽃망울 터뜨렸네

조촐히
노오란 가슴
들켜버린 부끄럼.

# 가을산

기도를 드리듯이
가을산이 경건하다

가을산은 그림이다
가을산이 시를 쓴다

낙엽도
사색으로 쌓여
꿈을 꾸는 가을산.

# 봄 산책

천년송 향기 속에
기분도 상쾌하네

싱그런 봄바람이
사운대니 좋다나요

새소리
골물소리도
소곤대는 오솔길.

# 개나리꽃

등산로 토담집 옆
울타리에 개나리꽃

노오란 웃음 속에
오순도순 재잘재잘

먼 남쪽
바라다 보며
봄소식을 알리네,

# 늦가을

창문 여니 쪽빛 하늘
눈앞으로 다가서고

젊은 날 푸른 시절
그리움도 밀려오네

어느 새
낙엽은 지고
돌아보는 아쉬움.

# 인정

이상기후 때문인지
환경오염 영향인지

유난히 춥고 추워
많이많이 내리는 눈

그래도
정담 나누며
제설하는 이웃들.

# 메밀꽃 축제

소금꽃 하늘하늘
바람에 속삭이고

볼거리
먹을거리
신이 나는 놀이마당

온종일
봉평 들녘이
추억으로 들뜬다.

# 진달래꽃

산 중턱 양지녘에
활짝 핀 진달래꽃

연분홍 사연 안은
사춘기 소녀마냥

산책길 동무하자고
미소 지며 반기네.

# 왕방사에서

옛날에
임금님도 방문했다는
왕방사엔

처마의 풍경소리
노곤히 잠이 들고

한적한
고요로움만
깃을 펴고 있었다.

# 수원사에서

산 좋고 물 맑은 골
고요 속에 앉은 산사

낭랑한 독경소리
깨우치는 백팔번뇌

지그시
감은 눈 속에
펼쳐지는 반야심.

# 해바라기

행복의 꽃
지고지순한 사랑

언제나 환하게 웃는
해바라기 꽃처럼

우리의
얼굴에도
항상 웃음이 피어나길,

# 목련

수줍은 얼굴을
백옥같이 내밀고

하늘 가득 미소 지며
인고의 세월을 견뎌

청순한
조선의 여인
다시 살아 오셨네.

# 들국화

밭두렁 논두렁을
삶의 터로 자리잡아

비탈길 오솔길도
장소를 가리지 않고

아무런
불평도 없이
만족스레 웃고 있다.

척박한 돌 틈에도
보란 듯 뿌리 내려

오가는 길손들을
미소로 반겨주고

바람에
향내 풍기며
고향 땅을 지키니.

<작품해설>

# 순수 서정의 맑은 시심(詩心)

## – 시조집 『혼불을 밝혀든 채』에 나타난 이인웅의 시세계

# 순수 서정의 맑은 시심詩心

–시조집 『혼불을 밝혀든 채』에 나타난 이인웅의 시세계

김 석 철(시조시인, 전 한국문인협회 이사)

시조는 신라의 향가에 그 뿌리를 두고 고려 중엽에 발생하여 고려 말에 완성된 우리 민족 고유의 시가로서 우리 문학 양식 가운데 가장 정통성을 지닌 전통시이다, 개화기에 서구 문명과 함께 자유시가 유입 되었을 때 우리 시조는 고시조에서 현대시조로 발전하면서 문학의 한 장르로 자리하게 되었다. 이렇게 시조는 우리말의 토양에서 자생한 시의 형태이기에 우리의 정신이나 혼으 담아내기에 가장 적합한 언어 표현의 그릇이라고 할 수 있다. 그러기에 시조는 우리나라 모든 시가詩歌의 모체요 근원이라고 흔히 말한다.

서구에 그들의 전통시 '소네트(sonnet)'가 있고, 중국에 '한시漢詩'가 있으며, 일본엔 '하이쿠'가 있듯이 우리에겐 고유의 '시조'가 있는 것이다.

말하자면 우리나라 자유시는 수입종이고 하겠지만 시조는 우리의 토종인 것이다.

## 1. 자연과의 교감에서 얻은 통찰

이인웅 시인은 순수 서정의 맑은 시심을 지닌 시적 감흥이 풍부한 시조시인이다. 비록 시조문단에 늦깎이로 데뷔를 했지만, 평소 '시의 눈', '시의 마음'을 지니고 살아가는 천생 시인체질이다. 1998년 월간 <韓國詩>의 시조부문 신인상을 등단한 수, '한국시조

시인협회'와 '씨얼문학회' 회원을 작품 활동을 해오고 있는 열성 문인이다.

이번에 이 시인이 그 동안의 작품들을 모아 첫 시조집을 출간하게 됨에 같은 길을 동행하는 문우의 한 사람으로서 반갑기 그지없는 일이다, 사실 문인이 작품집 하나를 상재上梓한다는 것은 마치 집을 한 채 짓는 거와 맞먹는 일이라고 했듯이 여간 어려운 일이 아니기 때문이다.

혹자는 현대의 특성이 복잡다단하다는 핑계를 대어 난해시조를 창작하는 이들도 있지만, 이 시인과는 거리가 먼 얘기다. 이 시인의 시조를 음미해 보면 우선 자연과의 교감에서 얻은 삶의 통찰이 감지된다. 시조의 율격이 살아있고 시의 언어가 평이하면서도 그 의미 또한 깊은 작품들이다. 이 시인의 이런 세련된 서정미의 발현에 독자들은 은근히 즐거움을 맛보게 되고 금새 평화로움에 젖어 들게 된다.

백운산 그 깊이를
어이 다 헤아리리

골마다 자락마다
동양화를 그려놓고

슬며시
흰구름 한 폭
운치롭게 펼쳤네.

다양하게 품은 비경秘經

솔바람 청류여라

옥류대 명경지수明鏡止水
신선이 따로 있나

어느 덧
저무는 하루
아쉬움만 더하네

– 「백운계곡에서」 전문

이 작품은 별로 어렵지 않은 어법으로 시조의 바른 형식을 갖추면서 순수서정의 꽃을 피우고 있다. '백운계곡'은 경기도 포천에 소재한 관광지역으로 사시사철 아름다움을 뽐내는 곳이지만, 특히 여름철이면 많은 사람들이 그 비경을 찾는 곳으로 잘 알려진 곳이다.

"백운산 그 깊이를 / 어이 다 헤아리리", "다양하게 품은 비경/ 솔바람 청류여라" 그야말로 간결하면서도 함축의 묘미를 보이고 있어 음미할수록 깊은 맛을 느끼게 된다. 자연친화 사상의 발로에서 착상된 작품으로 이미지의 형상화가 뚜렷하고, 은유와 영탄의 표현수법과 함께 두 수의 종장을 각운을 종결하여 맛까지고 한껏 살리고 있다. 시조의 기본 틀을 잘 지키며 율격에 충실하고 있음이 확연하다.

차가운 외로움도
체온으로 다스리고

박토에 뿌리 내려
심성 곱게 길렀니라

갈 햇살
슬기로 받아
조촐하게 엮는 일과日課

늦가을 무서리에
저린 삭신 추스르고

혼불을 밝혀든 채
들길에 나섰는가

한 떨기
조선의 꽃이
일깨우는 토종의지.

– 「들국화」 전문

국화는 늦가을 서리가 내릴 무렵 꽃을 피우며 '절개'를 상징한다. 국화 중에서도 '들국화'는 보다 어려운 환경에서 자라게 되닌 그 절개가 한결 더 굳을 것 같다. 감정이입의 표현수법으로 자기 극복의 의지를 형상화하고 있다. 그렇다! '들국화'는 박토에 뿌리 내린 조선의 꽃이다. '들국화'는 어쩌면 시인 자신을 가리키고 있는 이름인지도 모른다. "박토에 뿌리내려/ 심성 곱게 길렀니라"에서 보듯이 긍정적인 시심을 지닌 이 시인의 면모가 짐작되기도 한다. 이 시인은 우리만의 정서를 멋스럽고 운치 있게 표현하고 있으며, 토착적인 감각을 효과적으로 이미지화하고 있다. 시상의 포착과 전개가 안정적이며 전체적인 짜임새와 조화도 잘 이루어지고 있다. 깊이 감상해보면 시상을 포착하여 시적 창조의 2차적, 3차적 공정을 거쳐서 얻은 작품이라고 본다. P.발레리의 "시의 안에 사상을 과실의 영양가와 같이 숨어 있지 않으면 안 된다"고 한 말이 상기되기도 한다. 두 수의 연시조가 각기 그 종장을 명사로 산뜻하게 잘 종결하고 있는 점도 이채롭다.

전생에 무슨 죄로
밟혀만 사는 건가

기름진 땅 마다하고
길가에 뿌리 내려

한 평생
꺾이는 아픔
길들이고 있으니

－「질경이」 전문

3연 7행의 단시조다. 시조의 행이나 연 가름은 시조의 최소한의 형식 장치 담보 외에, 서정의 긴장을 최고의 상태로 올려놓는 정점의 구실을 하고 있다고 할 것이다. 종장에서 첫 음보 "한 평생"을 한 행으로 배행하고 있는데 이에 함유된 그 의미는 시간과 공간을 초월하는 그 이상의 영역이 아니겠는가.

질경이는 주로 길가에서 자라는 풀로서 끈질긴 생명력을 지닌다. 길가에서 밟히고 꺾이면서도 한 평생 용하게도 잘 버티며 자라고 있는 것이다. 어쩌면 은근과 끈기의 우리 민족성을 닮은 토종 야생초다. 현대시조는 상상력의 소산물이기에, 상상력의 깊이와 시적 창조는 이렇게 긴밀하게 작용하여 한 편의 시조로 탄생되고 있는 것이다. 읽는 이의 가슴을 촉촉이 적셔주며 감동을 준다.

가을 빛 즈려밟고
정상에 올라보니

만상홍엽 기암괴석
절경의 동양화라

한동안
무아지경에
해 지는 줄 모르네.

-「가을 설악산」 전문

「가을 설악산」은 시조의 정형과 가락을 잘 지키고 있기 때문에 그 율조가 자연스럽다. 시상도 정연하게 전개시키면서 리듬을 통해 의미를 발현하는 탁월한 개성을 보이고 있는 것이다. 시조의 격조와 운치를 실감할 수 있으며 특히 서정성과 회화성이 그 공감의 폭을 넓혀주고 있다. 특히 종장에 이르러서는 서정의 긴장이 전환을 거치며 절정을 이루고 있다. 이 시인의 미덕은 이렇게 자연을 좋아하고 탐미의 대상으로 삼고 있다는 점이다.

## 2. 맑은 시심의 발로

우리가 어떤 일을 체험했을 때, 그것이 주는 생각이나 느낌을 운율 있는 언어로 압축 통일하여 정형의 틀에 담아낸 하나의 창작물을 시조라고 지칭한다. 시조는 이렇게 기본형이 있는 정형시이지만 교착어, 부착어인 우리말의 특성상 한 음보를 어떻게 보느냐에 따라 자칫 잘못을 범하게 될 수가 있어 여간 조심해야 되는데, 사실 음보율조차 깨진다면 진정 시조라고 할 수 없을 것이다. 허나 이인웅 시인은 한결같이 시조의 정형을 준수함은 물론, 맑은 시심 섬세한 정감으로 아름답고 순수한 서정의 세계를 창조해내고 있다. 그야말로 시조다운 시조를 창작하고 있는 순수파 시인이라고 할 수 있다. "시는 맑은 영혼에서 우러나는 언어로 그린 그림"이라는 말이 생각된다.

헛소리 안주 삼아
몇 순배 얼큰하면

고향의 둥근 달이
슬며시 어른대고

순이의
웃음소리가
소곤소곤 들린다.

-「고향」 전문

우리의 마음속엔 누구에게나 고향이 있다. 고향은 언제나 어머니의 품처럼 포근하고 친근한 느낌이 드는 곳이다. 소꿉놀이 친구도 있고 철부지 짝사랑도 있기 마련이다. 아무튼 그립고 사랑스런 추억들이 스며있는 곳이 고향이다. 이 시인은 "순이의 웃음소리가 소곤소곤 들린다."라고도 했다. 3장 단시조를 7행으로 배행하여 초장은 촉각적 심상, 중장은 시각적 심상, 종장은 청각적 심상으로 고향을 그려내고 있는 것이다. 단시조의 짤막한 틀 속에 전달하고 싶은 메시지를 집약하며 형상화 하고 있는가 하면, 내면으로는 향토의 식을 상상력의 근원으로 삼고 있음을 짐작할 수고 있다. 독자들을 따스한 사랑으로 이끌며 편안한 느낌을 안겨주는 작품이라 하겠다.

눕히고 쓰러져도
바로바로 서는 의지

시련이 길들면
아름다움 보이는가

바람도
신명이 나서
산등성을 달린다.

하이얀 꿈의 동산
명성산 억새 축제

넘실대는 은물결
파도라도 타볼거나

자연의
신비로움에
감탄사만 나오네.

－「명성산 억새」 전문

우리 인간은 자연에서 태어나 자연 속에서 생명의 기운을 얻으며 살아가다가 종내는 자연으로 돌아가게 된다. 이런 자연을 이 시인은 맑은 눈, 따스한 사랑의 가슴으로 대면하고 있다. 자연 관조의 미학이랄까. 단풍이나 낙엽, 갈대나 억새 등은 가을의 정서를 대변하는 제재 중의 하나인데, 어떤 소재일지라도 시인의 눈에 띄게 되면 인식된 각도에 따라 그 모습이 변환되기 마련이다. 가을이면 명성산의 억새가 꽃보다도 아름다워 해마다 억새 축제가 열린다고 한다. "눕히고 쓰러져도/ 바로바로 서는 의지" 바람에 휩쓸렸다 일어서는 억새의 모습에서도 화자의 강인한 의지의 일단을 짐작하게 된다. "시련이 길들면/ 아름다움을 보이는가.// 바람도/ 신명이 나서/ 산등성을 달린다."라고 했다. 여기서의 '바람'은 시련의 상징이다. 이 시인은 이렇게 응축과 여백으로 사실화를 묘사하기도 하고 상징으로 건너뛰기도 한다. 시조는 운율을 위주로 하는 시이면서도 이미지와 비유, 상징의 수법을 함께 운용하는 매력을 지닌다. 둘째 수에서도 자연 친화의 그 착상이 이채롭다.

"하이얀 꿈의 동산/ 명성산 억새 축제// 넘실대는 은물결/ 파도라도 타볼거나// 자연의/ 신비로움에/ 감탄사만 나오네." 바람에 넘실대는 은물결의 장관을 보고 있노라면 마치 자신이 파도타기라도 하는 기분일 것이다.

> 인내와 극기만을
> 채찍으로 삼았던가
>
> 하 많은 세월 속에
> 모진 시련 이겨내며

오늘도
균형 잡고서
침묵으로 서있네.

-「바위」 전문

시조 한 수는 45자 내외의 짧은 형식 속에 이렇게 시상을 정제整齊하고 또 함축하고 있는 것이다. 시조를 음미하다 보면 쉬운 듯하면서도 어렵고, 어려운 듯하면서도 두고두고 많은 사유의 세계를 유영하게 되는 게 시조다. 여기서도 행간마다 숨어 있는 관조의 밀도를 짐작한다. 바위의 속성을 의인화 수법으로 그려내고 있는데, 바위야말로 사시사철 맨몸으로 묵묵히 버텨내는 인내의 화신이다. 3인칭 관찰자 시점으로, 순수한 감성과 진솔한 심상의 표출을 엿볼 수 있다. 종장을 살펴보면 느끼게 되지만, 외적인 풍경을 자신의 내면세계로 끌어들여 묵히고 삭히는 과정이 있었기에 그렇게 단정할 수 있을 것이다.

산 좋고 물이 맑은
포천시 백운계곡

널뛰기 팽이치기
눈썰매 송어낚시

옛 추억
파노라마가
필름처럼 스치네.

웅장한 얼음 기둥
곳곳에 솟아 있고

고드름 얼음 꽃으로
수놓은 얼음 터널

동장군
겨울 낭만이
서리서리 어렸네.

-「도리돌 동장군 축제」 전문

시조의 율격을 살리면서 절제된 묘사기법으로 이미지의 형상화를 꾀하고 있다. 순수 리얼리즘의 향토적 정서를 담고 있는 작품이다. 화자는 천진무구한 어린 시절을 돌아보면서 자연의 고마움을 잊지 않는다. 자연을 긍정적으로 수용하는 여유로운 자세가 보이고, 낙천적인 성격도 나타난다. 한편 여기서 우리가 눈여겨보아야 할 점은 이 작품에 동원된 소재들이 하나같이 주제 심화에 기여하고 있다는 사실도 놓쳐서는 안 될 부분이다.

골마다 냇물소리
옥구슬 꼬리치고

솔향기 물씬 나는
오솔길 걷노라면

내 인생

고뇌와 번민
눈 녹듯이 스러진다.

-「산책」 전문

답답한 일상을 초월한 높이에서 삶의 긍정적인 세계를 열어 보인다. 누가 현대시조는 충만한 감성으로 창조된 소우주라고 했던가. 이 시인의 작품들은 대부분 자연과 함께 향기롭고도 싱그러운 생물빛의 아름다움이다.

주로 순수 우리말의 시어가 사용되어 운율의 미감을 더해 줄 뿐만 아니라, 작품의 완성도에도 일조를 해주고 있는 형국이다. 이 시인에게서 주로 발견되는 이러한 점은 자연과 일생에 대한 관조적 태도에서랄까, 풍경화적인 자연을 제시하여 긍정적인 열정으로 달구어내는 저력에서 탄생되는 걸로 생각된다.

## 3. 절제의 미덕으로 승화된 서정

시는 사물의 인식이다. 혜안이랄까 직관함으로써 언어 이전의 사물을 통찰하는 것이다. 이 시인의 작품 중엔 자연에 대한 내용들이 많은 부분을 차지하는데, 이는 자연을 순응과 조화의 대상으로 바라보는 혜안을 지니고 있기 때문이며, 또한 자연을 수용하는 자세가 여유롭다는 증거일 것이다. 이 시인의 이런 맑은 시혼에 감성의 자양분을 공급해주는 그 원천은 어디서 연유하는 것일까 곰곰이 생각해 본다.

지척도 가늠 못할
하이얀 적막 속에

감추어진 실체는
진정 무엇일까

아무리
궁리를 해도
안 풀리는 숙제군.

혼돈의 심연인가
불확실의 호수인가

법도의 햇살 내려
장막을 걷어야지

아직도
덜 깬 선잠이
몽롱하게 스미나

－「안개」 전문

이 작품은 보편적 정서에서 참신한 의미를 부각시키고 있다고 하겠다. 시조의 형식을 자연스럽게 다스리면서 적절한 비유로 메시지의 전달을 돕고 있는 것이다. "혼돈의 심연", "불확실의 호수" 등은 안개를 암시하는 표현이라 할 것이며 특히 제목 "안개"의 상징성이 돋보이는 작품이다.

시조는 담금과 발효의 과정을 거친 것들이라고 볼 때 순도 높은 서정이 감지되는 작품이다. 시는 마음의 거울을 닦는 방편이라고 누가 말했던가? 앞에서도 말했듯이 이 시인은 자연과의 교감에서 삶의 통찰을 이끌어내는 심안心眼을 지니고 있다. 첫 수에서 "아무리/ 궁리를 해도/ 안 풀리는 숙제군."이라고 인정했고, 둘째 수에서는 "아직도/ 덜 갠 선잠이/ 몽롱하게 스미나."라고 반문하고 있다. '안개'의 속성을 현실에 빗대어 언뜻 깨우침을 주고 있는 화법이 아니겠는가.

155마일 휴전선
녹슬은 철조망

피맺힌 동족상잔
반세기가 지났건만

아직도
떠돌고 있는
6.25의 원혼들.

오로지 조국을 위해
귀한 목숨 바친 그들

비가 오나 눈이 오나
쉬일 곳도 없는 건가

실종된
무명용사들
어느 뉘를 탓하랴.

-「6.25의 비극」 전문

이 작품의 어조는 이 시인의 여타 작품과는 사뭇 다름을 감지할 수가 있다. 어조는 작품에 담긴 분위기랄까, 시조에 쓰인 말들의 쓰임과 지니고 있는 말 짓에 따라 다르게 나타나기 마련인데, 이 작품에서는 어조가 유달리 강한 느낌의 호소력을 나타내고 있다. 이 시인이 살고 있는 포천시 지역은 위쪽으로 휴전선이 가까이 자리하고 있는 곳으로 알고 있다. 6.25의 비극이 아직까지도 상존하고 있는 현장인 것이다. 사실 그 당시 물적 피해도 많았지만 무엇보다도 인적피해는 돌이킬 수 없는 비극이었다. 어릴 적에 실제로 전쟁의 참화를 겪었던 이 시인은 결코 잊을 수 없는 기억일 것이다. 통분의 역사의 식 위에 나름대로 원한을 삭히며 서정의 격조를 잘 갈무리하고 있다.

쏟아지는 빗살 타고
하늘하늘 나는 나비

미풍에 꿈을 싣고
향훈도 함께 싣고

보랏빛
자운영 꽃밭
누비고도 싶겠지.

-「나비」 전문

이미지의 형상화가 선명하다. “쏟아지는 빛살 타고/ 하늘하늘 나는 나비”이며, “미풍에 꿈을 싣고/ 향훈도 함께 싣고” 날아다니는 게 나비다. 나비는 봄철이면 날씨 좋은 날에 가볍고도 여유로운 몸

짓으로 꽃을 찾아 날아다니는 걸 흔히 볼 수 있다. 나비가 날으려면 햇살 맑은 봄날 미풍이어야 하고 꽃이 많은 곳이어야 제격이다.

종장 "보랏빛/ 자운영 꽃밭/ 누비고도 싶겠지."에서는 첫 음보 "보랏빛"이 시상의 전환을 이루면서, 초장과 중장의 비상飛翔에 대한 희망적인 내용보다는 비원悲願의 기운이서린 소망으로 종결하고 있는데, 여기서 '보랏빛'의 함의가 그리움과 사랑이라고 볼 때 이는 은연중 우리 민족의 특성인 한恨의 정서가 배어 있는 게 아니겠는가.

이상으로 이인웅 시인의 시세계와 작품 경향을 살펴보았다. 이 시인은 순수서정의 맑은 시심으로 아름다운 서정미를 발현하고 있다. 자연을 좋아하고 탐미의 대상으로 삼아 긍정의 시학을 펼치고 있는가 하면, 자연과의 교감으로 삶의 통찰을 이끌어내는 심안을 지니고 있는 것이다. 이런 강점들은 앞으로도 이 시인의 정신적 영역을 더욱 풍요롭게 해주리라고 확신하는 바이다.

시조는 시이지만 시는 시조가 아니다. 현대시조는 4음보 형식과 종장에서의 극적인 반전을 이뤄내는 의미구조를 지니고 있다는 점에서 자유시와는 확연히 구분된다. 시조는 소박한 감정과 영감의 번뜩임에서 탄생되며, 시조의 매력은 함축미, 정제미, 운율미가 조화를 이루며 창조적으로 승화된 서정이 담겨 있다는 점이다.

시조는 우리 민족의 얼이요 혼이 담긴 문학 양식으로 앞으로도 계속 현대 시의 한 주축을 담당하며 날로 발전에 발전을 거듭해나갈 것이다.

# 혼불을 밝혀든 채

초판인쇄일 2015년 4월 17일
초판발행일 2015년 4월 22일

지은이 : 이인웅
펴낸곳 : 도서출판 문학공원
발행인 : 김순진
편집장 : 전하라
디자인 : 김초롱
등 록 : 2004년 3월 9일 제6-706호
주 소 : (우편번호 130-814)서울 동대문구 난계로 26길 17호
삼우빌딩 C동 302호 스토리문학사
전 화 : 02-2234-1666
팩 스 : 02-2236-1666
홈페이지 : http://cafe.daum.net/yob51
이메일 : 4615562@hanmail.net